LA HÉRISSAIE DE NOEL DU FAIL

LA HÉRISSAIE

DE

NOEL DU FAIL

PAR

ARTHUR DE LA BORDERIE

NANTES

IMPRIMERIE VINCENT FOREST ET ÉMILE GRIMAUD

PLACE DU COMMERCE, 4

—

1876

LA HÉRISSAIE DE NOEL DU FAIL

I

Noël du Fail, parlant sous le nom d'Eutrapel au dernier chapitre de ses *Contes*, et annonçant sa retraite à ses amis, leur peint ainsi le lieu où il se retire et la vie qu'il a commencé d'y mener :

« Je prens (dit-il) congé de vous, me laissant aller et entrer au point où mon humeur et naturel me conduisent et où je me sens — à mesure que mes ans peu à peu s'en vont et se derobent — couler. C'est à ma maison aux champs, que j'ay accommodée par ces années et rendue au terme d'une vraye habitation philosophale et de repos, à l'entrée et au front de laquelle Janvier, ce gentil maçon de Sainct-Erblon, a gravé ces mots :

> *Inveni portum : Spes et Fortuna, valete.*
> Adieu le monde et l'espoir, je suis bien.

» Je l'ay bastie d'une moïenne force pour faire teste aux voleurs, coureurs, et à l'ennemi, si Dieu me vouloit chastier en ceste partie : soubs le credit de quelques petites eaux qui l'environnent, aveques les pourpris, bois, jardin et verger. Aux vergers me trouverez travaillant de mes serpes et faucilles, rebrassé jusqu'au coulde, couppant, trenchant et essargotant mes jeunes arbrisseaux, selon que la lune — qui besogne plus ou moins en ces bas et inferieurs corps — ie commande. Aux jardins, y dressant l'ordre de mon plant, reiglant le quarré des allées, tirant ou fesant decouler et venir les eaus, accoustumant mes mouches à miel : distillant les herbes, fleurs ou racines, ou, qui mieux vaut, en faisant des extractions d'icelles et

les rendant en liqueur espoisse : et me courrouçant, d'un pied sus-
pendu en l'air, et attentif, contre la taupe et mulots qui me font
tant de mal : semant diverses et estranges graines, mariant et joignant le chaud au froid, attrempant le sec de la terre, advançant les
derniers fruits, et contrerollant par doctes artifices les effects et
ornements de Nature, que le vulgaire ignore. Aux bois, faisant
rehausser mes fossez, mettre à la ligne mes pourmenoirs : et cepen-
dant, outre cent musiques d'oiseaux, une batelée de contes rustiques par mes ouvriers : desquels, sans faire semblant de rien,
j'ay autrefois extrait et recueilli en mes tablettes le subjet et
grâce, et communiqué leurs propos et mes balivernes au peuple,
prenant l'imprimeur et renversant mon nom de Léon Ladulfi. Aux
rivières, amusé et solitaire sur le bord d'icelles, peschant à la ligne,
alongeant souvent le bras pour congnoistre, au mouvement de la
ligne, quelle espèce de poisson vient escarmoucher l'appast : ou
bien tendre rets ou filets aux lieux et endroits où le cours de l'eau
a vraysemblablement fait plus belle passe. Quelquefois aussi, avec
deux levriers et huit chiens courans, me trouveray à la chasse du
renard, chevreau ou lièvre, sans rompre ou offencer les bleds du
laboureur, comme font plusieurs, contrevenans aux ordonnances et
à la justice commune : « Ne faites à autruy ce que vous ne voudriez
vous estre fait. » L'autre fois avec l'autour, oyseau bon menager,
quatre braques et le barbet, avecques l'harquebuze, deux bons che-
vaux de service et un pour les affaires de l'hostel.

» Vous disant qu'après telles distributions et departemens des
heures, ayant premièrement fait les prières à ce haut Dieu que la
journée se puisse passer sans l'offencer ny le prochain, et employé
quelque heure à la lecture des livres : il ne me faudra au soupper,
qui doit estre plus copieux et abondant que le disner, les sauces
Asiatiques ne le breuvage d'Æschylus pour dormir [1]. »

Où était cette maison des champs que Noël du Fail décrit avec tant
d'amour, qu'il avait préparée avec tant de soin, pour y abriter contre

---

[1] Œuvres de Du Fail, édit. 1874, II, 350-353 ; *Contes d'Eutrapel*, édit. 1585,
p. 216-217. « Sauces *Asiatiques* » est dans l'édit. 1586, in-16 ; c'est la bonne leçon ;
les autres éditions anciennes que j'ai vues ont toutes « sauces *Athiacques* ».

les sots et les méchants le calme de son âme et la franchise de sa
vie? Aucun des éditeurs ni des biographes de notre auteur ne s'en est
préoccupé. D'après ce que nous savons, le choix se restreint entre
Château-Létard et la Hérissaie : Château-Létard, parce que c'était
depuis deux siècles le fief patrimonial, la demeure héréditaire des
Du Fail ; la Hérissaie, parce que notre auteur possédait cette terre
et en portait le titre. Certains détails du passage si curieux que l'on
vient de citer, entre autres, la mention de Janvier, le « maçon de
Saint-Erblon », sembleraient indiquer Château-Létard, qui est en
cette paroisse. Mais ce qui ressort surtout de ce passage, c'est que
dans la maison des champs où il veut se retirer, Eutrapel est
maître, seigneur, propriétaire. Cela exclut Château-Létard, que ne
posséda jamais Noël du Fail[1]. Reste la Hérissaie.

Il me paraissait intéressant de visiter sur place les restes, les
ruines, ou tout au moins le site de cette « vraye habitation philosophale ». Où la prendre? Je l'avais demandé en vain aux éditeurs et aux biographes ; je m'adressai aux anciennes réformations
nobiliaires de la province de Bretagne : j'y vis qu'en l'an 1513, « la
maison et métairie de la Herissays, franche sans nulles rotures »,
située en la paroisse de Pleumeleuc, n'appartenait point encore à
la famille du Fail, mais bien aux « enfants de noble homme Pierre
Morault »[2]. La carte de l'état-major m'apprit de plus que cette
ancienne maison noble a pour proches voisins les villages de Tremerel et de Ramussac, souvent mentionnés, le premier surtout,
dans les *Propos rustiques* et dans les *Contes d'Eutrapel.*

[1] Voir l'article *Noël Du Fail*, publié dans la *Biblioth. de l'Ecole des Chartes*,
année 1875, p. 254 à 259.

[2] « 1513. — Noble homme Jean de la Frouchays, seigneur dudit lieu, comme
garde des enfants de noble homme Pierre Morault, a la maison et metairie de la
Harissays, franche, et n'y sont adjointes nulles rotures. » (Extrait des *Anciennes
réformations de Bretagne*, ms. de la biblioth. de Rennes, I, f. 278 R°.) — Dans une
réformation particulière de la paroisse de Pleumeleuc, de l'an 1478 (28 juin), dont le
propriétaire actuel de la Hérissaye (M. de Kernisan) possède une copie collationnée,
on lit, au rôle des « maisons nobles » de cette paroisse : « La *Herissaye*, apparte-
nante à Guillemette de la Gonzée. » Cette Guillemette épousa apparemment le Pierre
Morault, dont les enfants étaient, en l'an 1513, propriétaires de la Hérissaie.
J'ignore comment des Morault elle passa aux Du Fail.

Muni de ces renseignements un peu courts, je partis un jour de novembre 1874 pour aller *découvrir* la Hérissaie. La Providence, favorable à mon dessein, plaça sur ma route, au château de Clayes, un guide excellent [1], qui voulut bien diriger mon exploration et m'aida singulièrement à en tirer profit.

II

Le territoire des paroisses de Clayes et de Pleumeleuc est plat et très-peu accidenté, avec des différences de niveau et non des mouvements de terrain. Pas de coteaux, mais çà et là des rampes en pente douce ; pas de vallées, mais de légères ondulations. C'est un sol gras et fécond, déchiqueté en mille lopins, mille petits champs, ou, comme on dit là, mille petits *clos*. Mot parfait, car chaque pièce de terre est close et encourtinée d'un rideau de grands arbres qui s'élancent des talus, châtaigniers à larges branches horizontales, longs chênes ébranchés jusqu'à la cime, et jusqu'à la cime parés de ramilles qui en font d'immenses quenouilles de feuillage. Entre ces clos serpentent des chemins plus ou moins creux, de largeur variée et de courbes très-capricieuses, sillonnés d'ornières, nullement ferrés, car le pays manque de pierre ; aux premières pluies, on y enfonce jusqu'au moyeu : la voirie a encore là des progrès à faire. Les maisons sont de terre battue jaune-rougeâtre, d'un ton chaud, qui s'enlève bien sur le vert des arbres.

Malgré le pauvre aspect des habitations, on se sent sur un sol riche, plantureux, prodigue à l'homme, où la vie doit être aisée et le rire facile. Ce qui y manque presque partout, c'est le pittoresque, l'imprévu, le varié, le lointain, le grand paysage. De quelque côté qu'on se tourne, on ne peut voir plus loin que le bout de son nez ; on a beau passer d'un clos dans l'autre, c'est toujours le même tableau, toujours le même rideau d'arbres, bornant la vue à dix pas. Dans cette campagne découpée en petits compartiments, à travers ces mille murailles de feuillage, on a peine à retrouver un coin du ciel.

[1] M. le comte de Palys.

La maison de la Hérissaie est située à une demi-lieue N.-E. du bourg de Clayes, mais en Pleumeleuc, à toucher la limite des deux paroisses, presque au sommet d'une de ces rampes en pente douce, qui, dans ce pays trop bien nivelé, tiennent lieu de coteaux; celle-là descend vers le nord jusqu'à une petite coulée de prairies, au delà desquelles le terrain remonte doucement pour faire la pente opposée, inclinée vers le midi, couronnée par les villages de la Bouëxière, des Perrettes et du Verger.

La Hérissaie actuelle est une ferme comme toutes celles du pays, qui tient dans deux bâtiments d'aspect modeste : toit d'ardoise, murailles de terre, un rez-de-chaussée, un grenier au dessus, rien de plus. A voir cet humble logis, qui semble tout moderne et ne garde, en lui-même ni dans les dépendances qui l'entourent, aucune trace d'une importance ancienne, on se dit qu'il n'y eut jamais là château, manoir ni gentilhommière, mais une simple métairie pour un fermier. Si modestes que fussent les goûts de Noël du Fail et la vie des petits gentilshommes ruraux décrite par lui dans son *Eutrapel*[1], on ne peut croire qu'il ait habité là, on ne trouve là rien qui rappelle cette « maison des champs » dont il parle dans son dernier chapitre, qu'il avait « accommodée » pour s'y retirer « et rendue au terme d'une vraie habitation philosophale ».

III

Cette impression n'est pas trompeuse. Au temps de Noël du Fail, il n'y avait sur l'emplacement de la ferme actuelle aucune construction. La Hérissaie de Noël du Fail était ailleurs; le sol n'en a retenu aucune trace, mais on la retrouve dans les titres et les anciens aveux de cette terre noble.

A quelques pas de la Hérissaie d'aujourd'hui, au Sud-Ouest de la maison et à l'Ouest de la cour qui la précède, s'étend un champ assez vaste, de forme rectangulaire, ayant sa longueur du Nord au

---

[1] Notamment au chap. XXII.

Sud, et dont le sol s'élevant graduellement vers le Midi domine la
la ferme actuelle. Il est formé par la réunion assez récente de deux
pièces de terre dites, l'une le *courtil du Four*, l'autre le *clos du
Châtel*. La tradition locale porte qu'il y eut jadis dans ce champ
un château et une chapelle ; l'existence de la chapelle est prouvée
par les registres de la paroisse et par l'ancien cadastre, qui indique
« le courtil de la Chapelle » ; l'existence de constructions impor-
tantes est attestée par le fermier actuel, qui a trouvé, en labourant
le courtil du Four, des masses de briques et de pierres. Là s'élevait
la Hérissaie de Noël du Fail, qui était loin d'être un château, car
voici la description qu'en donne le plus ancien des aveux venus
jusqu'à nous :

« La *maison principalle* du lieu de la Hairissaye, qui est un corps
de logeix divisé en quatre aistres, appellés *salle*, — *laverie*, —
cellier, — et *escurie*, — exposée le devant à l'Orient, bastye de
murs de terre et pierre maçonnal, couverte en partye d'ardouaize
et le reste de chaume ; plus, la *chapelle* et le *pavillon* dudict lieu,
de pareille composition que les precedents, couverts d'ardouaize.

» Davantage, aultre corps de logeix, situé de l'aultre part de la
court dudict lieu, nommé la *mestarie*, qui consiste en trois aistres,
appellés *bouge*, — *laict* — et *estable*, — de pareille composition que
les aultres maisons, couverte de paille et genectz ; la *grange* dudict
lieu couverte de genectz : la mestarie exposée le devant au Nort.

» Lesdictes maisons avecq leurs fonds, aire, depport au devant.

» Item, *le jardin dudict lieu*, qui joinct le boys de haulte fustaye
et le domaine cy-après ; — *deux courtils*, l'un au derrière de la
mestarie et l'aultre derrière le four et au haut duquel est édifié
le four à cuire pain et maison sur icelui, — *le verger* dudict lieu,
estant au derrière la *Salle*, à présent uny avec le *courtil du Noyer*.

» Plus, *le boys de haulte fustaye* dudict lieu ; — item, *le boys
taillis* y joignant. »

Tout cela répond bien, comme nous le verrons, à la maison des
champs de Noël du Fail, décrite au dernier chapitre d'*Eutrapel*. La

seule difficulté serait la date de l'aveu que je viens de citer, qui est
du 18 mai 1676. Il n'en représente pas moins fidèlement la Hérissaie de 1570 ou environ, comme l'avait *accommodée* Noël du Fail,
parce que depuis Noël du Fail nul n'y avait touché.

IV

Après la mort du malicieux auteur d'*Eutrapel*, cette terre fut,
par suite de ventes et de partages, démembrée, amoindrie, subdivi-
sée entre plusieurs maîtres, dont aucun — n'en possédant plus que
quelques lambeaux — ne se soucia d'y résider. Jusqu'au milieu du
XVII° siècle, le manoir resta inhabité ; donc pendant toute cette
période on n'y changea, on n'y ajouta rien, on le laissa dans l'état
où l'avait mis Noël du Fail. Il recommença d'être occupé, vers 1649,
par un petit gentilhomme appelé Jean Le Vayer, qui, à force de se
marier, parvint à réunir dans sa main une partie considérable des
pièces composant primitivement la terre de la Hérissaie.

A cette époque, les deux principaux démembrements de cette
terre appartenaient, l'un à une famille Le Bouteiller, et l'autre à
une famille Percherel.

Les Percherel possédaient le manoir et la métairie avec leurs
dépendances immédiates, cour, jardin, verger, courtils et bois,
comme elles sont décrites dans l'extrait cité plus haut de l'aveu
de 1676, en outre, deux pièces de terre labourable, le clos du Chas-
tel et le clos de Sous-le-Bois, aussi appelé le clos du Coin, et enfin
la Grande prée de la Hérissaie, sise dans cette coulée où finissait
la pente douce en haut de laquelle le manoir était bâti.

Mais si les Percherel avaient la grande prairie et le manoir, ils
n'avaient pas la *rabine* ou avenue de la Hérissaie, qui allait du
manoir à la prairie ; ils n'avaient pas le clos de la Porte, qui bordait l'avenue. Le clos de la Porte et la rabine étaient aux Le Bouteiller, lesquels possédaient encore le petit pré de la Lande, voisin
de la Grande prée, la lande des Marebûes, quatre clos ou pièces en
labour, dites clos des Hèches, — des Faix (ou des Fées), — de la
Lande, — et Petit clos.

Les possessions des Le Bouteiller ci-dessus énumérées, jointes à celles des Percherel, ne représentent point encore dans son intégrité la terre de la Hérissaie, comme elle était avant son démembrement et au temps de Noël du Fail. Il y a, au moins, une pièce de terre très-vaste, dite le Grand domaine de la Hérissaie, dont les Percherel possédaient un coin (68 cordes) et les Bouteiller un autre; mais le reste, encore considérable, était en mains tierces.

Aux environs de 1640, Jean Le Vayer épousa noble damoiselle Suzanne Le Bouteiller, qui lui apporta ce que sa famille possédait de la terre de la Hérissaie, lui donna deux enfants (Pierre et Jeanne), puis mourut. Jean Le Vayer, demeuré veuf, se remaria à l'héritière du manoir de la Hérissaie, Marguerite Percherel, et vint avec elle, vers l'an 1649, s'installer dans cette demeure, dont il fit réparer la chapelle, qui était encore debout, mais en très-mauvais état, parce que, dit l'acte de rétablissement, « par l'injure » des temps et perversion des fidèles, elle seroit demeurée aban- » donnée et auroit pu estre pollue par avoir esté employée à » œuvres profanes ». Il la restaura, lui donna des « ornements » messiens » et une rente de 30 livres : sur quoi Ferdinand de Neuville, évêque de Saint-Malo, y ayant autorisé le réta- blissement du culte (10 octobre 1649), le recteur de Pleumeleuc, Jean Desplacix, vint en grande cérémonie, le 1er février 1650, « réconcilier et bénir », avec l'assistance du curé de Clayes, « l'ora- » toire de la maison seigneuriale de la Hérissaie. »

De Marguerite Percherel, comme de Suzanne Le Bouteiller, Jean Le Vayer eut deux enfants, Claude qui fut prêtre, et Marguerite qui ne se maria pas. La fortune de ces Le Vayer était si médiocre qu'à la mort du père commun (survenue avant 1665), les enfants des deux lits, au lieu de s'arranger entre eux pour laisser en une seule main et un seul tenant les deux portions de la terre de la Hérissaie que Jean Le Vayer possédait du chef de ses deux femmes, furent obligés de les subdiviser. Pierre Le Vayer, fils aîné du premier lit, garda quatre des sept pièces de terre qu'avaient les Bouteiller et en donna en partage trois à sa sœur (clos des Hèches, des Fées, de la

Lande). Quant au fils de Marguerite Percherel, il eut seul tout ce
que sa mère possédait de la Hérissaie ; c'est lui qui rendit, en 1676,
au seigneur de la Besneraie et de la prévôté de Pleumeleuc [1], l'aveu
d'où nous avons tiré la description du manoir citée plus haut. Recteur de Chauvigné et ensuite de Clayes, il eut peine à subvenir aux
charges que son ministère lui imposait. En 1671, il avait emprunté,
des religieuses hospitalières de Rennes, une somme de 1,000 livres
au denier 16 ; il traîna cette dette pendant vingt ans et fut obligé,
pour la payer, de vendre, le 5 septembre 1690, à sa sœur Marguerite, tout son bien de la Hérissaie.

Ainsi, depuis la mort de du Fail jusqu'en 1649, rien ne fut
changé au manoir de la Hérissaie, parce qu'il fut inhabité ; rien
non plus, de 1649 à 1690, parce que les maîtres qui l'habitèrent
alors, trop pauvres pour le rebâtir ou y faire des changements
importants, se bornèrent par nécessité aux réparations indispen-
sables. L'aveu de 1676, cité plus haut, représente donc fidèlement
l'état du manoir, comme il était sous Noël du Fail.

Avant d'y revenir, achevons en deux mots l'histoire de la Hérissaie jusqu'à la Révolution.

V

Marguerite Le Vayer, après avoir acquis la Hérissaie de son frère
Claude Le Vayer, recteur de Clayes, épousa un veuf fort à son
aise de la paroisse Saint-Gilles, maître Jacques Le Clerc, sieur de
la Motte, déjà père de trois enfants, et qui ne tarda pas à venir
habiter le bien de sa seconde femme, car, en février 1702, un acte [2]
nous le montre « demeurant à sa maison noble de la Hayrissaye,

[1] La Hérissaie relevait féodalement de la prévôté de Pleumeleuc, membre détaché
de la baronnie de Montfort, qui avait été acquis par les Glé, seigneurs de la Besneraie en Pleumeleuc.

[2] Acte de vente « d'une pièce de terre en jannaye appelée la Jaunaye des Coudets,
size et située au Jaunays du Moyne » (en Saint-Gilles, je crois), lad. vente faite a
Mᵉ Jacques Le Clerc par Jeanne Bréal, veuve Bertrand Geudrot, remariée à Guillaume
Placier et avec lui demeurant « à son lieu et vilaige des Portes aux Moynnes » en
Pleumeleuc ou en Saint-Gilles. (Orig. parch. Titres de la Hérissaie.)

paroisse de Pleumeleuc. » Ces Le Clerc, qui n'étaient pas nobles, paraissent avoir exercé des charges judiciaires dans la seigneurie de Saint-Gilles et les petites juridictions environnantes.

Marguerite Le Vayer mourut sans postérité en 1706, et son frère, qui héritait d'elle, se retrouva en possession de la Hérissaie. Mais comme il était toujours assez mal en point, il céda de nouveau cette terre à maître Jacques Le Clerc. En 1714, celui-ci venait de mourir ; par acte du 13 janvier, « fait et signé à la Hairissais », ses trois enfants — Luc, Gillette, Perrine — se partagèrent l'héritage paternel, consistant surtout dans les trois terres de la Motte-Henri, la Hérissaie et Quiniac. Luc, qui avait le choix, prit la Hérissaie, à laquelle il réunit, par des acquisitions successives [1], toutes les pièces ayant appartenu aux Le Bouteiller. Il continua d'abord d'habiter le manoir, il y était encore logé en 1717 ; mais en 1724 il l'avait quitté et demeurait à la maison noble des Cormiers, près le bourg de Romillé.

La Hérissaie cessa de nouveau d'être occupée par ses maîtres. Mathurin Le Clerc, fils et héritier de Luc, n'y revint pas ; toute sa vie, il habita la paroisse de Saint-Gilles, d'abord à Champcoul (1746), puis aux Portes (1754), enfin au bourg (1775). En 1787, il était mort, et sa fille Gabrielle, qui avait hérité de la Hérissaie, demeurait en Romillé (à la Chauvraie) avec son mari, Gabriel Ginguené : la terre du vieil auteur d'*Eutrapel* était entrée, par ce chemin, dans la famille du futur auteur de l'*Histoire littéraire d'Italie*. A ce moment, le manoir de Noël du Fail achevait de mourir : dans un aveu rendu en 1754 par Mathurin Le Clerc au seigneur de la Besneraie et Pleumeleuc, on trouve décrit, d'une façon très-reconnaissable et même avec des détails complémentaires, tout l'établissement que nous fait connaître l'aveu de 1676, mais les bâtiments menacent ruine [2].

[1] Actes de 1713, 1717, 1724.

[2] L'historique de la terre de la Hérissaie, tracé dans les § IV et V de cette étude, est tiré tout entier des titres de la Hérissaie, que nous a très-obligeamment communiqués le propriétaire actuel, M. de Kernisan, par l'intermédiaire de M. le comte de Palys.

Arrêtons-nous quelques instants à les examiner de près, en les comparant aux renseignements descriptifs que du Fail nous a laissés sur sa demeure.

VI

Eutrapel, nous l'avons vu, dit de sa maison des champs : « Je l'ay rendue au terme d'une vraye habitation philosophale et de repos... Je l'ay bastie d'une moïenne force pour faire teste aux voleurs, coureurs, et à l'ennemi, soubs le credit de quelques petites eaux qui l'environnent, avecques les pourpris, bois, jardin et verger. » Ce qui n'implique point une demeure vaste ou somptueuse ; car dans celle d'un gentilhomme de fortune moyenne, du Fail ne voulait que trois pièces de quelque importance : « la sale du logis (car en avoir deux cela tient du grand)... et deux assez bonnes chambres pour les survenans et estrangers [1]. » La maison de la

---

[1] V. *Eutrapel*, chap. XXII, édit. 1874, II, pp. 166 et 167. — Voici d'ailleurs, d'après la *Maison Rustique* de Charles Estienne, la description de *la maison du père de famille*, c'est-à-dire du petit gentilhomme propriétaire rural de 1570. On va voir que, pour l'importance et pour la disposition générale (sauf le sous-sol voûté qui ne pouvait exister à Pleumeleuc, où l'on manque de pierre), cela ressemble beaucoup à la Hérissaie de Noël du Fail :

La Maison du père de famille. — « A l'endroit opposite du portail de vostre ferme respondra directement l'entrée de vostre logis, qui, par un perron de huit degrez pour le plus, conduira au premier estage d'iceluy, l'entrée duquel sera une allée de moyenne largeur percée outre sur le jardin, où elle aura sa descente par un pareil perron que le précédent.

« A main droite d'icelle allée sera vostre cuisine, despence, garde-manger et retraite pour deux ou trois serviteurs pour vostre personne. Entre laquelle cuisine et despence sera une vis, qui aura son entrée par dedans ladite cuisine, pour monter aux greniers.

« A main gauche de ladite allée sera l'entrée de vostre salle, dont entrerez en vostre chambre et d'icelle en la garde-rube et au cabinet. Et au bout, si vostre corps d'hostel aura compris du lieu assez, vous ferez une chambre pour loger les survenans, l'entrée et issue de laquelle sera par une vis ronde du costé de la court, à ce que les survenans soient en leur liberté sans vous importuner de passage sur vous, — si d'aventure n'aimez mieux de l'autre costé de vostre salle bastir autant de logis pour les amis et survenans.

« Le premier étage sera, du long et du large de son plan, porté sur voûte eslevée par dessus le rez de chaussée, bien estayée de piliers et bien soupiraillé des deux

Hérissaie, comme elle est décrite dans les aveux et autres titres anciens, répond à ces modestes exigences.

Elle comprenait un manoir et une métairie, fraternellement rangés l'un et l'autre autour d'une grande cour rectangulaire, dont la longueur était du Midi au Nord, avec une pente légère dans le même sens. — La métairie (c'est-à-dire le logement du métayer et les autres bâtiments à son usage), bordait le côté Sud de la cour et regardait le Nord. — Le manoir (c'est-à-dire l'ensemble des bâtiments à l'usage du maître) se composait d'un corps de logis, d'une chapelle, d'un pavillon isolé. Le corps de logis, long d'une centaine de pieds, ayant sa façade tournée au soleil levant, s'adossait au côté Ouest de la cour; le pavillon occupait l'angle Nord-Est, et vers le milieu du côté Nord, à mi-chemin du pavillon au corps de logis, s'élevait la petite chapelle.

Ce que je nomme — avec l'aveu de 1676 — le corps de logis n'était que la réunion de quatre bâtiments ou « aîtres de maison », soudés l'un à l'autre par leurs gables, ayant leur façade sur une même ligne, mais de dimension, de construction et de destination très différentes. Le premier de ces « aîtres », en partant du midi et du haut de la cour, était la *salle;* puis venaient successivement en descendant vers le Nord, le cellier, la laverie et l'écurie.

Développement en longueur : la *salle,* 27 pieds ; le cellier, 18 ; écurie et laverie ensemble, 54 ; profondeur, 20 pieds partout, sauf au cellier, où il n'y en avait que 16. Ces quatre bâtiments étaient clos de murs de terre montés sur soubassement de maçonnerie. A

costez, à ce qu'ayez un estage en bas de pareille longueur et largeur que le dessus qui sera my cave et my cellier.... lequel servira à loger vos vins, cidres... vos lards et chairs salées, vos huiles, vos chandelles, voire les bois mesme et le fruit durant les gelées.

« Vostre logis n'aura que ce premier estage, par dessus lequel vous n'esleverez que vos greniers et galetas sans plus, et tiendrez vostre maison plus basse et moins exposée à la furie des vents, qui vous tournera une merveilleuse espargne pour n'estre si subjette à passer par les mains des couvreurs à toutes heures.

« Le comble et dessus de vos allées, salle, chambre, garde-robe et chambre des survenans, seront pour greniers à loger séparément les seigles, fromens, marcs et fruits, et retirer le linge sale... »   (*Maison Rustique,* livre I, chap. V.)

la salle et au cellier, toitures d'ardoise ; toits de chaume sur
l'écurie et la laverie.

La *salle* était le bâtiment le plus important, le manoir propre-
ment dit, la demeure du maître. Elle dominait le reste du corps
de logis, elle était d'une construction plus soignée : ses portes et
ses fenêtres avaient des encadrements de pierre de taille, ses cheminées des tuyaux en maçonnerie. Son nom lui venait de sa pièce
principale, mais elle en renfermait d'autres : en bas, auprès de la
salle, la cuisine ; sur la cuisine et la salle, des logements en partie
engagés sous la toiture pour les gens de la maison. Quant aux « deux
assez bonnes chambres pour les estrangers », nous les trouverons
ailleurs.

La chapelle et le pavillon étaient de même construction que la
salle : toit d'ardoises, soubassement en maçonnerie, baies garnies
de pierre de taille, etc. Le pavillon, dit un titre, avait « une haute
chambre », c'est-à-dire, au dessus du rez-de-chaussée, un étage
entièrement compris entre les murs droits, s'arrêtant à la corniche,
base de la toiture. Dans ce bâtiment devaient être les deux chambres
d'étrangers. Ce genre de pavillon n'est point perdu. On trouve
encore fréquemment, dans les fermes de la haute-Bretagne, de ces
sortes de tours carrées, en terre ou en pierre selon les lieux, domin-
ant les autres constructions et coiffées de toitures aiguës d'un effet
très-pittoresque. Cela marque presque toujours une ancienne gentilhommière.

La métairie de la Hérissaie était un corps de logis long de
54 pieds, clos de murs de terre, couvert de paille et de genêt,
et divisé en trois « aîtres » : le *bouge*, ou logement du métayer,
— le *taict* aux brebis, — l'étable. Sur la même ligne, mais formant
un bâtiment séparé, la grange, construction légère couverte de
genêt.

Au milieu du côté Est de la cour, en face du corps de logis con-
tenant la salle, le cellier, etc., s'ouvrait le portail ou entrée principale de l'habitation. Au dessus, en remontant vers le Sud, ce côté
de la cour était bordé par le jardin. Au dessous du portail, on

rencontrait le fournil et le puits, et enfin, dans l'angle Nord-Est, le pavillon dont on a déjà parlé [1].

VII

Le verger, — ce verger où du Fail, la serpe en main et « rebrassé jusqu'au coude », allait « essargotant ses jeunes arbrisseaux », — se trouvait situé on ne peut mieux pour servir de promenoir au maître de la Hérissaie, puisqu'il était immédiatement derrière la *salle* : aussi, pour en accroître à la fois l'étendue et l'agrément, n'avait-on pas hésité à y adjoindre un courtil (situé du côté du Nord) ombragé par un noyer séculaire.

Quand, pour varier ses plaisirs, du Fail, laissant là ses arbrisseaux, voulait aller semer ses graines, planter ses fleurs, ses légumes, soigner ses abeilles, il n'avait qu'à sortir de sa *salle*, traverser la cour : juste en face, de l'autre côté, commençait « le jardin en forme de parterre » ; cette forme, dont parle un titre du XVIII⁰ siècle, devait remonter effectivement à l'auteur d'*Eutrapel*, puisqu'une de ses occupations favorites — lui-même nous l'apprend — était de « reigler le quarré des allées ». Ce jardin fort étendu confinait, du côté de l'Est, au bois de haute futaie de la Hérissaie, situé près du village de Tremerel.

Rendu au bout de son jardin, du Fail entrait dans son bois, où, tout en se délectant à écouter « cent musiques d'oiseaux », il jasait avec les ouvriers en train de « rehausser ses fossez et mettre à la ligne ses pourmenoirs ». — Ses « pourmenoirs » ont disparu du sol, comme le reste ; comme le reste, on les retrouve dans les vieux titres. Contre le bois il y avait un champ dit clos de Sous-le-Bois à cause de sa situation, ou clos du Coin à cause de sa forme : dans ce champ, les titres constatent l'existence d'une allée destinée au jeu du mail, laquelle se prolongeait vers l'Ouest, en forme de *rabine* ou avenue allant à la Hérissaie.

Devant la porte du manoir, ou pour mieux dire, de la cour, cette avenue en rencontrait une seconde faisant avec elle un angle droit et

---

[1] La plupart de ces détails sont tirés d'un aveu de la Hérissaie de 1734, complétant celui de 1676.

descendant vers le Nord jusqu'à la grande prairie. Cette dernière rabine subsista plus longtemps que l'autre. Elle traversait l'emplacement de la ferme actuelle [1] ; dans le jardin de cette ferme, dans le chemin qui mène à la prairie, on trouve encore aujourd'hui, de chaque côté, un assez grand nombre de vieux chênes et quelques vieux charmes plantés en ligne, derniers débris de cette promenade, dont ils marquent parfaitement la direction.

Voilà bien les « pourmenoirs », les bois, jardins et vergers, où Eutrapel se livrait aux travaux et aux plaisirs de la vie champêtre si bien chantée par lui. Voilà un manoir rustique parfaitement conforme aux goûts, aux idées exprimées par Noël du Fail. Comment douter que cette « maison aux champs », cette « vraye habitation philosophale » si chérie de lui et qu'il loue avec tant d'effusion, ne soit la Hérissaie ?

VIII

Il y a pourtant quelques difficultés.

Où trouver, par exemple, « ces petites eaux » dont du Fail avait environné sa maison, et « sous le crédit » desquelles il espérait braver l'effort des voleurs, des coureurs, et même de l'ennemi en cas de guerre civile ?

Ces petites eaux ne pouvaient être que des douves dont il avait enceint son habitation. Il n'était difficile ni de les creuser ni même, avec quelque soin, de les tenir suffisamment pleines. Tout ce pays est fort mouillé. Le cadastre, parmi les parcelles dépendant de la Hérissaie, indique un « ancien vivier »[2]. Dans les vieux titres, une autre pièce en lande dite les Marebües (les *Mares bues ?*) est qualifiée « terre inculte et aquatique », c'est encore aujourd'hui un marécage. Contre la Grande prée de la Hérissaie, nous trouvons le pré *Pourri* ou *Vieil-Étang*. Tout près du jardin de la ferme actuelle, il y a une

<hr>

[1] Cette ferme n'existait point alors ; elle a été construite à la fin du dernier siècle après la ruine définitive de tout l'ancien établissement (manoir et métairie) de Noël du Fail.

[2] N° 401 de la section C de Pleumeleuc, ancien plan cadastral.

source qui forme, pendant une partie de l'année, une sorte de petit vivier. — La Hérissaie pouvait donc avoir des douves et même assez inondées pour empêcher un coup de main. Mais il y fallait du soin et de l'entretien. Du Fail le dit : c'étaient de « petites eaux ». Et il met, quelques lignes plus bas, au nombre de ses occupations habituelles, celle de « tirer, de faire découler et venir ces eaux ».

Du Fail mort, la Hérissaie resta un demi-siècle désertée par ses maîtres. Les douves, livrées à elles-mêmes, séchèrent, puis se comblèrent à moitié. Sous Louis XIV et même sous Louis XIII, du moins en Bretagne, elles étaient parfaitement inutiles. Les petits cadets entre qui s'était émiettée la Hérissaie, trop pauvres pour perdre un seul sillon de terre, achevèrent de combler ces fossés, et y firent pousser du blé, du chanvre ou des légumes. — Voilà pourquoi on n'en trouve plus trace dans l'aveu de 1676.

Autre embarras. Eutrapel, quand il peint si joliment ses passe-temps rustiques, se représente « *aux rivières*, amusé et solitaire sur le bord d'icelles, peschant à la ligne » ou même y « tendant rets et filets. » — Or, dans le voisinage de la Hérissaie, pas de rivière.

En prenant ce mot de *rivière* au pied de la lettre, l'objection vaut. En l'entendant — comme on le doit ici — de toute eau où l'on peut pêcher, y compris les étangs et les ruisseaux, l'objection tombe. Il y a, à trois quarts de lieue de la Hérissaie, le bel étang de la Motte-Henri ; à un quart de lieue, le gros ruisseau, qui descend de Perronay à la Motte et qui s'élargit beaucoup au moulin du Moine. Du Fail avait de plus à sa disposition, l'un et l'autre à une demi-lieue de sa demeure, les deux étangs, maintenant détruits, de Vaunoise et de Huchepoche. Enfin il avait, à quelques pas de lui et à lui probablement, un étang baignant la prairie de la Hérissaie et qui, converti en pré au XVIIᵉ siècle, s'appelait encore le Vieil-Étang. — L'ermite de la Hérissaie pouvait donc, sans aller loin, pêcher à la ligne et au filet.

Enfin, on peut s'étonner de voir Janvier, le gentil maçon, appelé de Saint-Erblon pour travailler en Pleumeleuc, à six ou sept lieues de chez lui. Au moyen âge — et le moyen âge durait encore en

Bretagne en 1570, — à moins de circonstances exceptionnelles, on se servait dans chaque localité des ouvriers du crû; on eût craint avec raison d'exciter la haine et la jalousie des indigènes en appelant des étrangers. Notez que Janvier n'est point un nom de fantaisie, les registres de Saint-Erblon sont pleins de cette famille. — Mais ici il y avait nécessité.

Pleumeleuc n'a pas de pierre, on le sait ; donc pas de maçons, surtout pas de tailleurs de pierre, mais seulement de bons gâcheurs de mortier, d'excellents batteurs de terre, qui, avec leur paille hachée, leur terre et leur mortier, font de solides murailles. Du Fail, sans mépriser la terre de Pleumeleuc, la voulait renforcer de maçonnerie ; il voulait en maçonnerie tous les fondements et les soubassements des murs et les tuyaux de cheminées, et en pierre de taille les ouvertures. Personne ne savait faire cela à Pleumeleuc; il fit venir de Saint-Erblon, c'est-à-dire de sa paroisse natale, du pays héréditaire de sa famille, l'ouvrier qu'il lui fallait et qu'il connaissait depuis longtemps. Rien de plus naturel.

Et, pour le dire en passant, ce dut être sur le portail de la cour, construit (comme toutes les autres baies) en pierre de taille que le gentil maçon de Saint-Erblon grava la sereine devise du philosophe de la Hérissaie :

Inveni portum: Spes et Fortuna, valete !

IX

Cherchons dans les œuvres de du Fail quelque trace de son séjour à la Hérissaie.

La préface ou épître dédicatoire de son recueil d'*Arrêts* est datée de « l'hostel de la Hérissaie », le 1er février 1576. Les éditeurs modernes ont cru qu'il s'agissait là de la « maison des champs » de Noël du Fail; il n'en est rien. Cette préface a été certainement écrite à Rennes [1] ; « l'hostel de la Hérissaie », d'où elle est datée, ne peut donc être que la maison de ville du sieur de la Hérissaie.

---

[1] A la seconde page de cette préface, du Fail parle du « seigneur vicomte de Mé- » jusseaume, *gouverneur de ceste ville* », c'est-à-dire de la ville où il écrit sa préface: or Méjusseaume était gouverneur de Rennes.

Mais, dans ce même recueil, sous la date du 6 septembre 1570, du Fail rapporte le cas d'un certain Jean Rollant, qui, « pour ses » blasphèmes, grands et exécrables juremens contre l'honneur de » Dieu », fut condamné à faire amende honorable, tête et pieds nus, torche en main, corde au cou, puis fouetté par les carrefours de la ville de Rennes, avec confiscation de ses biens meubles. Après avoir raconté cette condamnation, notre auteur ajoute : « Autant en » fut jugé, le second jour de décembre 1570, contre Eustache Ridé, » *de* NOSTRE *paroisse de Plumeleuc* » [1].— Noël du Fail se regardait comme paroissien de Pleumeleuc : comment aurait-il pu l'être s'il n'eût habité la Hérissaie ?

Dans ses œuvres facétieuses, il nomme une seule fois la Hérissaie. Voici le passage :

« Le mestaier de la Hérissaie, malade à deux doigts près de la mort, ne fut remis et restitué en sa première santé que par une cholère de voir son valet Petit Jean coupper, d'un cousteau bien tranchant et affilé, de grand's lesches et lopins de pain, et beaucoup plus qu'il n'en falloit pour le disner de son tinel [2] et famille. De quoy fasché à outrance, après avoir craché de courroux force escume gluante et gros sanglots [3] qui luy estouppoient les conduits (car nous vivrions longues années si les canaux et tuyaux de nostre corps n'estoient empeschez et bouschez), reprint par ce moyen ses esprits, qui jà prenoient un nouveau chemin pour s'en aller, huchant et criant à plaine teste : — « Paillard, auras-tu tantost faict ? Je te voudrois, toy et ton contel, en la feusse d'Apigné [4]. Saincte Marande !

---

[1] *Mémoires des plus notables arrêts du Parlement de Bretagne*, édit. 1579, p. 472.

[2] L'ensemble des domestiques, journaliers, en un mot des gens de service, par opposition aux membres de la famille. Quelquefois (mais non ici) le mot de *tinel* embrasse à la fois la famille et la domesticité.

[3] Caillots de sang.

[4] Toutes les éditions portent « dapigne ». Il faut lire incontestablement « la feusse (c'est-à-dire la fosse) d'Apigné ». Apigné, où il y a encore une ferme et une minoterie, était au XVIe siècle une terre considérable et un château important, situé à 3 lieues et demie S.-E. de la Hérissaie, au bord de la rivière de Vilaine et en la paroisse du Rhen (laquelle est aujourd'hui une commune du canton de Mordelle, arr. de Rennes). — Il y avait aussi, dans l'ancienne enceinte murale de la ville de Rennes, un peu à l'est de l'hôpital Saint-Yves, une vieille tour baignée par la Vilaine

il faut retourner au moulin, c'est autant depesché, il n'y a pain qui
ne s'y en aille [1] ! »

Du Fail savait donc par le menu tous les petits événements de la
Hérissaie. Mais voici qui est plus curieux. Ouvrez son recueil
d'*Arrêts*, édition de 1579, et arrêtez-vous au titre. Immédiatement
au dessus de la date du volume vous verrez un fleuron de forme
ovale et d'assez grande dimension (10 centimètres de haut sur 7 de
large), tout semblable, par sa tournure et par la place qu'il occupe,
à une marque d'imprimeur. Ce n'en est pas une toutefois; celle de
Julien du Clos, qui a imprimé le livre, est toute différente : c'est la
marque de l'auteur.

A la base du fleuron est appendu l'écusson de du Fail — écartelé
au 1er et au 4e d'argent, au 2e et au 3e de sable, — sommé d'un
heaume de profil et accompagné de riches lambrequins. Le heaume
a pour cimier un petit hérisson, roulé en bogue de châtaigne.

Le champ du fleuron est occupé par un paysage divisé en plusieurs
plans. Au centre, sur le premier plan, un énorme hérisson, dressant
sa forêt de dards, fait la roue ; devant lui deux chiens effarés s'en-
fuient au galop en aboyant. C'est là le sujet de la devise inscrite
dans le cadre du fleuron : Sic latrantes virtvte fvgat. Les chiens,
on le sait, ne mordent guère sur les piques du hérisson, et
quand leur imprudence les y pousse, ils reviennent en triste
état. — Le deuxième plan figure une campagne sillonnée de légères ondulations. A gauche, un mamelon se couronne d'un rideau
d'arbres. De l'autre côté, une maison à haute toiture présente son
large pignon percé de plusieurs baies; au dessus de la cheminée se
balance un panache de fumée ; cette maison est accostée, à
droite, d'un arbre au tronc puissant qui la domine de ses vastes
branches, — à gauche, d'une construction beaucoup moins élevée
qui profile, en retour d'équerre, son humble toiture. — Au dernier
plan, dans un lointain reculé, une rivière étale ses eaux paisibles

et appelée la tour d'Apigné. La fosse d'Apigné était donc un lieu du lit de la Vilaine
renommé pour son extrême profondeur, soit au pied de la tour de ce nom, soit
plutôt dans le voisinage du château.

[1] *Contes d'Eutrapel*, édit. 1585, f° 31 v° et 32 r°; Œuvres de du Fail, édit. 1874,
I, 281-282.

et baigne les murailles d'une ville, dont on entrevoit vaguement les tours, les édifices, les clochers. Derrière la ville, une montagne clôt l'horizon.

Ce fleuron s'explique sans peine. Le hérisson *hérissé* est l'emblème *parlant* du maître et habitant de la *Hérissaie*, emblème qui rappelle tout à la fois le goût de Noël du Fail pour la solitude et le séjour où il donnait cours à ce goût. — La maison du second plan, c'est le manoir de la Hérissaie et même, plus précisément, la partie de ce manoir appelée la *salle*, avec le grand *noyer* qui donnait son nom au courtil-verger situé en arrière de ce bâtiment : la toiture plus basse en retour d'équerre figure la métairie. — Dans la ville du troisième plan avec sa rivière, on a déjà reconnu Rennes et la Vilaine. La montagne seule est de fantaisie : motif imaginé pour remplir le vide trop considérable de la partie supérieure du fleuron.

Ce fleuron symbolise donc à la fois le caractère de du Fail, prompt à se hérisser contre les importuns et les méchants, et sa vie en partie double : vie du magistrat, grave et sévère, emprisonnée dans la procédure et dans les murailles de Rennes ; — vie indépendante du petit gentilhomme champêtre, artiste et philosophe, qui s'épanouit avec délice à l'air libre, au grand soleil, dans cette plantureuse campagne et cette plaisante retraite de la Hérissaie.

<h2 style="text-align:center">X</h2>

Quoique les livres de Noël du Fail aient à un haut degré le caractère de mémoires personnels, il s'est abstenu, on le sait, d'y écrire son propre nom ; il a même presque entièrement évité les désignations locales ayant directement trait à sa personne ou à sa famille. Mais, comme la plupart de ses récits portent sur des faits réels, il s'y mêle nécessairement des noms très-propres à nous révéler les habitudes, les fréquentations, les diverses résidences de notre auteur. Pour être sûr qu'il a habité Rennes, on pourrait se passer de savoir quelles charges il a tenues au Présidial et au Parlement : il suffirait de lire les renseignements nombreux, circonstanciés et originaux qu'il nous donne sur les rues, les places, les monuments, les personnages et les mœurs populaires de cette ville. De même, si nous voyons figurer dans ses récits les localités voisines de la Hérissaie, nous aurons par là une nouvelle preuve de sa fréquente résidence dans ce manoir.

A un demi-quart de lieue au Sud-Est est le village de Tremerel, dont les avenues faisaient suite au bois et aux rabines de la Hérissaie. Quand du Fail avait traversé son bois, en écoutant les oiseaux et en inspectant ses ouvriers, en deux pas il pouvait être à Tremerel. Il y était souvent, il en connaissait les habitants, les mœurs, les histoires, et on les retrouve dans ses contes. Il savait que les gens de Tremerel, bien qu'ils fussent de la paroisse de Clayes, s'entendaient avec ceux de Ramussac, en Pleumeleuc, pour jouer de bons tours à leurs voisins [1]; d'ailleurs généreux, faisant largesse aux chantres rustiques qui allaient d'un village à l'autre hurler des noëls dans la dernière semaine de l'Avent [2]. Notre auteur connaît de Tremerel le fort et le faible: Glaume Truant et Glaume Fauchoux, qui ne valaient guère [3]; dom Jean Gautier, qui faisait des vielles, mais non si bien que ses prédécesseurs [4]; et surtout l'avisé Touaut, ancien compagnon de du Fail aux écoles de Paris, qui avait logé avec lui sur le Petit-Pont et fait à Saint-Jean d'Amiens un plaisant pèlerinage, où ledit Touaut faillit périr tragiquement, mais enfin il en était revenu sauf, et, quand du Fail s'installa à la Hérissaie, il trouva, à quelques pas de lui, son ancien camarade devenu « proconsul de Tremerel » [5], quelque chose comme un fabricien chargé de représenter son village dans le conseil de paroisse. Ce ne sont point là personnages en l'air: il y a encore aujourd'hui des Fauchoux à Tremerel; dans les titres du dernier siècle on trouve des Touaut; dans les registres baptistaires de

[1] *Contes d'Eutrapel*, XI, édit. 1874, II, 9. V. aussi, sur Ramussac, t. II, 238.
[2] *Propos rustiques*, X, édit. 1874, I, 91.
[3] *Eutrapel*, V et XII, édit. 1874, I, 280, et II, 32.
[4] *Eutrapel*, XVIII, ibid. II, 101.
[5] *Eutrapel*, XXI, ibid., II, 155-158.

Pleumeleuc, au XVIe siècle, figurent Glaume Faucheux et Jean Gautier.

Les paroisses limitrophes de Pleumeleuc, — Romillé [1], Partenai, Clayes, Saint-Gilles, — reviennent souvent dans les récits de du Fail; il ne se borne pas à les nommer, il conte des détails précis, des anecdotes caractéristiques, entre autres sur le village du Bas-Champ et de la Costardière en Partenai [2], sur Louaybaut, le lutteur de Partenai, sur Guillaume Hervé, le docteur de Clayes [3]. Clayes semble être pour lui le centre d'un petit pays, d'un petit monde rural, qu'il oppose à celui de Saint-Erblon : après avoir raconté une mésaventure arrivée aux gens du village de Places, situé au bord de la Seiche, non loin de Château-Létard, il ajoute : « Le lendemain » il ne couroit autre bruit partout, — qui vola jusques bien » loin hors le pays, à *Clayes*, — que ceux de Places avoient trouvé » le loup-garou [4]. »

Du Fail nomme Saint-Gilles, dans les *Baliverneries* [5]; il connaissait très-bien cette paroisse, il en cite plusieurs villages, même des plus modestes, entre autres Huchepoche, Guicholet, la Perrière, Tramabon. — Il nous révèle à Huchepoche l'existence d'un étang, aujourd'hui à sec, dont la chaussée fut le théâtre d'une des scènes les plus curieuses des *Propos rustiques* [6]. Il nous conte l'industrie un peu véreuse d'un paysan de la Perrière, qui trouva pendant dix ans moyen de payer ses fouages et ses tailles avec un pigeon, toujours le même [7]. Il nous montre, en tête d'une bande rustique armée en guerre, « le meusnier de Guicholet avec son hautbois, qui faisoit » rage de souffler [8]. » — Quant à Tramabon, il faut citer. A propos d'un fait qui s'était passé de l'autre côté de Rennes, à Nouvoitou,

---

[1] *Eutrapel*, VII, ibid., I, 294.
[2] *Propos rustiques*, X, et *Eutrapel*, VII, édit. 1874, I, 91 et 293.
[3] *Eutrapel*, XXVI, ibid., II, 193; cf. II, 143 (*Eutrap.* XX).
[4] *Id.*, XI; ibid., II, 12.
[5] *Ibid.*
[6] *Propos rustiques*, édit. 1874, I, 91, 95, 98.
[7] *Eutrapel*, VII, edit. 1874, I, 293.
[8] *Propos rustiques*, IX, édit. 1874, I, 81.

près Châteaugiron, du Fail dit : « Il s'en bastit une chanson mondaine,
» qui trotta par tout le monde, c'est-à-dire jusques à Chantepoie,
» *Tramabon*, Mordelle [1]. » Tramabon, comme Guicholet, est un
lieu à peu près imperceptible, même pour qui connaît le pays.
Comment notre auteur est-il allé le choisir pour marquer, avec deux
bourgs paroissiaux notables (Chantepie et Mordelle), le point
le plus éloigné où pût parvenir un bruit parti de Nouvoitou ? C'est
que cette maisonnette microscopique était, comme Guicholet, bien
connue de du Fail, toutes deux bordant une route que du Fail faisait
souvent et savait par cœur, celle de la Hérissaie à Rennes.

XI

En sortant de la Hérissaie, cette route rencontrait d'abord Tremerel, puis Clayes; se rendait vers Saint-Gilles en suivant à peu
près le chemin actuel, à moitié duquel, un peu sur la gauche, est
Tramabon; descendait jusqu'au bourg de Saint-Gilles (que la grande
route laisse aujourd'hui à 200 mètres sur la droite), et presque en
sortant de ce bourg, trouvait Guicholet. — *Tremerel, Clayes, Tramabon, Saint-Gilles, Guicholet*, — en recueillant ces cinq noms
dans ses contes, le seigneur de la Hérissaie a pris soin de jalonner
très-exactement la première partie de son itinéraire vers Rennes.

Pour la seconde il a fait mieux : il l'a décrite dans un récit pittoresque, qui est, je crois, la première version française de la fable
du *Meunier, son fils et l'âne*. Le voici :

« Titius va en voiage, mène son fils, jeune garsonnet, et la jument
pour tant les porter que leurs hardes pèlerines. Faisans chemin,
rencontrent au *Pont-de-Pacé* une troupe d'hommes couchez sur le
ventre au soleil :

» — Comment! mon ami (dirent-ils), vous allez à cheval, et ce
pauvre enfant est à pied : qui n'est aucunement raisonnable et
bienséant.

» Titius, à ceste repréhension, descent et fait monter son fils,

[1] *Eutrapel*, XI, édit. 1874, II, 15.

tirans outre. Mais, en l'endroit de ce meschant chemin de la mestairie de *Méaux*, se trouva une autre bande de censeurs, qui au contraire soustint que c'estoit un moqueur et sans entendement, vieil qu'il est, souffrir un jeune galand, frais et alègre, estre de cheval, où n'y avoit propos ny apparence.

» — Sainte Marie ! dit le bonhomme (voiant que tous essais, consultations, instructions et entreprises desplaisoient), je m'en cheviray bien !

» Car il laissa sa jument aller seule sans aucune charge, suivans luy et son fils. Mais, estans à la *Communaie*, ouïrent certains joueurs de paume disans :

. » — Combien vous estes pauvres gens, travaillez et las que vous estes, laisser reposer vostre jument, qui aisément vous peut porter tous deux !

» — Infortuné ! s'escria Titius, en chose si mal accordante que ferai-je ? Il faut remuer toute pierre !

» Lors luy et son fils montent sur la jument. Mais, vis-à-vis le *Pot-d'Estain,* leur fut prononcé :

» — Comment n'avez-vous point de honte ? Est-ce honnestement fait d'ainsi fouler ceste pauvre beste ? Vraiement, vous l'avez desrobée.

» De façon que, sujet à la sotte et vulgaire dévotion du peuple, ne sachant plus de quel bois faire flèches, fut contraint se loger et heberger au mieux qu'il peut [1]. »

Le Pont-de-Pacé est un gros village à une lieue de Saint-Gilles, groupé autour du pont sur lequel la route de Rennes franchit la petite rivière de Flume. — A trois quarts de lieue du Pont-de-Pacé, la métairie de Méaux ou de Méault (aussi en la paroisse de Pacé) existe toujours, mais à 400 mètres au sud de la route actuelle, qui, en se redressant, a sagement abandonné « ce méchant chemin » dont Noël du Fail se plaignait. — Entre Méaux et la Communaie, à

---

[1] *Contes d'Eutrapel,* chap. XXVII, édit. de 1585, fol. 151 R° et V°; édit. 1874, II, 216-218.

peu près à moitié chemin (à 2700 mètres de Méaux), la route a de tout temps traversé un long village répandu sans ordre sur ses deux bords, et appelé le Pont-Lagot; du Fail n'a pu le faire entrer ici dans le cadre de son récit, mais il le mentionne ailleurs, comme un lieu bien connu de lui et de toute la population rennaise [1]. — Quant à la Communaie, c'est une ferme située à un demi-quart de lieue de Rennes [2], au Nord et tout à fait sur le bord de l'ancienne branche de la route qui pénètre dans la ville par le faubourg de Brest [3], autrefois *faubourg l'Évêque*, précisément à l'intersection de cette route et du chemin de fer de Saint-Malo. Mais le jeu de paume qu'on y voyait au temps de du Fail a disparu. — Il en est de même du cabaret du Pot-d'Étain. Il y en a bien encore un de ce nom dans la banlieue de Rennes, sur la route de Châtillon-sur-Seiche, à un kilomètre de la gare. Il y eut aussi, au XVIIe siècle, un logis dit « le Pot-d'Estain » dans la rue de la Fannerie [4], détruite par l'incendie de Rennes de 1720, et qui traversait diagonalement le terrain dont on a fait la place actuelle du Théâtre. Ces situations ne peuvent convenir. C'est devant le Pot-d'Étain que Titius et son fils, venant de la Communaie sur leur jument, subissent leur dernière attaque avant de pouvoir se loger dans Rennes; le Pot-d'Étain devait donc être à l'entrée de la ville du côté où ils arrivaient, c'est-à-dire vers l'extrémité du faubourg l'Évêque. Ce nom de cabaret est d'ailleurs assez commun.

Si maintenant l'on reprend en ordre inverse les noms de lieux qui viennent d'être énumérés, on a cette série: le Pot-d'Étain, la

[1] Du Fail dit d'un écolier fanfaron : « Il vantoit et trompetoit sa noblesse, combien qu'il fust issu de la plus vilaine pautraille qui fust d'icy au *Pont-Lagot*. » — *Contes d'Eutrapel*, XV, édit. 1874, II, 53-54.

[2] Et à 2300 mètres du Pont-Lagot.

[3] L'autre branche est celle qui entre dans Rennes par la promenade du Mail; cette nouvelle arrivée fut ouverte vers 1843. Au temps de du Fail, il n'existait, bien entendu, que l'ancienne route.

[4] D'après la réformation de la ville de Rennes de 1646, cette maison appartenait à la « damoiselle de la Villeblanche », et se trouvait située entre deux autres maisons, dites l'une *le Cerf-Volant* et l'autre *la Bannière de Bretagne*. (Renseignement fourni par M. Paul de la Bigne-Villeneuve.)

Communaie, le Pont-Lagot, Méaux, le Pont-de-Pacé, Guicholet et Saint-Gilles, Tramabon, Clayes et Tremerel, — ce qui forme l'itinéraire complet de Rennes à la Hérissaie.

Pourquoi du Fail a-t-il préféré ces noms pour les enchâsser dans ses récits? Pourquoi surtout, en contant la fable de Titius et de sa jument, l'a-t-il localisée avec tant de soin sur la route de Saint-Gilles à Rennes, sinon parce que c'était là celle qu'il connaissait le mieux, celle qu'il arpentait sans cesse pour aller de la ville à sa chère maison des champs et réciproquement?

Nouvelle preuve, et non pas la moins curieuse, de son séjour habituel à la Hérissaie.

XII

Noël du Fail, né vers 1520, publia en 1547 les *Propos rustiques*, et en 1548 les *Baliverneries*. Dans ces deux petits livres, nombre de localités, voisines de la Hérissaie, se trouvent mentionnées; l'auteur, dès sa jeunesse, connaissait donc très-bien ce pays-là. Toutefois il ne possédait point encore la Hérissaie, qui était, en 1548, aux mains de son frère aîné François du Fail, le Polygame des *Baliverneries* et des *Contes d'Eutrapel*.

Cet aîné, qui habitait la terre de famille, c'est-à-dire Château-Létard en Saint-Erblon, donna la Hérissaie à Noël en partage de cadet, entre 1560 et 1570, et probablement peu de temps avant la seconde de ces dates. — En effet, c'est en 1570 que fut rédigé le dernier chapitre des *Contes d'Eutrapel*, où Noël du Fail nous apprend qu'il vient de faire accommoder sa maison des champs « au terme d'une vraie habitation philosophale », et nous peint la bonne vie qu'il a commencé d'y mener. C'est le passage que nous avons cité en tête de ce travail.

A cette époque, il siégeait comme conseiller au Présidial de Rennes, ses loisirs n'étaient pas très-nombreux et son frère aîné François, qui vivait encore, en réclamait une part pour lui-même et pour le manoir patrimonial de Château-Létard. En 1571, Noël devint conseiller au Parlement de Bretagne, ce qui lui assurait au moins six mois de vacances par an (car les conseillers servaient alors par semestre). Vers 1575, il perdit son frère aîné, et les relations d'amitié si vive qui l'unissaient à ce frère et le rappelaient fréquemment près de lui, ces liens intimes une fois rompus par la mort, notre auteur se sentit nécessairement bien moins attiré vers Château-Létard, et consacra désormais à peu près tous ses loisirs à son propre manoir.

C'est donc depuis 1571, surtout depuis 1575, qu'il passa la plus grande part de sa vie à la Hérissaie. Au commencement de 1586, ayant résigné sa charge de conseiller, on peut croire qu'il s'y confina tout à fait, justifiant ainsi absolument ce curieux emblème du hérisson arboré par lui en tête de son livre dès 1579.

Toutefois, dans sa dernière maladie, sans doute pour être plus près des secours de la médecine, il revint à Rennes, où il mourut le dimanche 7 juillet 1591 [1].

---

[1] Pour toutes les assertions de ce paragraphe XII, voir les *Recherches sur Noël du Fail, sa famille, sa vie, ses œuvres*, publiées dans la *Bibliothèque de l'Ecole des Chartes*, année 1875, p. 244 et 521.

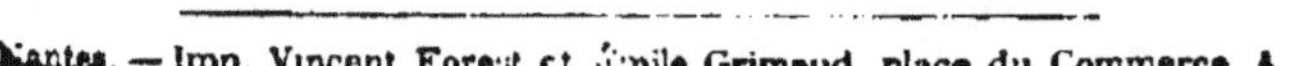

Nantes. — Imp. Vincent Forest et Émile Grimaud, place du Commerce, 4.